Inhalt

Einführung

Edelsteine lieben viele Menschen aufgrund ihrer Schönheit, Farben, Seltenheit und ihrem Wert. Doch sie sind weit mehr als nur (ein) Schmuck – sie sind edle Steine mit Heilkräften. Jeder Stein hat eine spezifische Energie und somit auch eine spezielle Wirkweise. Edelsteine üben einen positiven Einfluss auf unseren Körper, unseren Geist und unsere Seele aus.

Dieses Set beinhaltet 33 wunderschöne Heilsteinkarten mit Abbildungen der Steine, Stichpunkten zu charakteristischen Eigenschaften und jeweils kurzen Botschaften, für die sie stehen.
Im Booklet findest du zu jedem Stein ausführliche Informationen zu Farbe, Heilwirkung und passende Sternzeichen: Bei den dort genannten Steinen habe ich mich von den Schwächen der Sternzeichen leiten lassen und mich für sogenannte „Ausgleichssteine" entschieden. Zum Beispiel: Der Zwilling hat oft Entscheidungsschwierigkeiten, Tigerauge hilft ihm, klare Entscheidungen zu treffen.
Die Zuordnung von Elementen lag mir auch am Herzen. So wird direkt deutlich, welche Grundenergie der Stein mitbringt: Erde – Ruhe und Geborgenheit;

Feuer – Leidenschaft und Kraft; Wasser – Gefühlstiefe; Luft – Klarheit und Leichtigkeit.
Außerdem berichte ich über meine persönlichen Erfahrungen und Erlebnisse, die ich mit den besonderen Steinen machen durfte.
Für jeden werden diese Karten eine andere Bedeutung haben, denn es hängt auch von dir ab: Schaust du nur aus Neugierde? Hast du ein bestimmtes Thema, das dich innerlich bewegt? Oder hast du den Wunsch, dir selbst zu begegnen, dich tiefer auf dein Inneres einzulassen? Wie deine Motivation auch sein mag und wie ernst das Thema auch ist, gehe spielerisch mit den Karten um. Freue dich über die Karten wie über eine/n gute/n Freund/in und begegne ihnen offen und respektvoll. So werden dir die Karten immer eine Hilfe sein.

Was kann ich fragen?

Du kannst dir eine Karte als Tageskarte, Wochenkarte oder als festes Ritual zwischendurch ziehen. Solltest du direkt zu einem Thema eine Karte ziehen, dann schließe ein paar Minuten die Augen und gehe in dich. Schiebe alle Gedanken beiseite und konzentriere dich auf deine Frage. Egal, welches Thema dich gerade beschäftigt, du könntest zum Beispiel eine der folgenden Fragen stellen:

- Welcher Stein lässt mich erkennen, worin mein Problem liegt?
- Welcher Stein hilft mir, mein Problem zu lösen?
- Welcher Stein gibt mir Kraft?
- Welcher Stein schenkt mir Klarheit?
- Welcher Stein unterstützt mich bei meinem Vorhaben?
- Welcher Stein hilft mir bei meinen gesundheitlichen Problemen?
- Welcher Stein tut mir gerade jetzt besonders gut?

Vielleicht hast du eine ganz andere Frage, die intuitiv in dir auftaucht. Mische die Karten in Ruhe und lege sie verdeckt aus. Dann ziehe eine Karte aus dem Stapel. Du kannst die Karten auch fächerförmig auf dem Tisch ausbreiten, dann führe deine Hand (linke oder rechte Hand, vertraue deinem Gefühl) über die Karten und ziehe dir eine Karte, während du die Frage im Kopf hast. Lasse die Botschaft des Steines auf dich wirken. Im Booklet findest du weitere Informationen, auch Anwendungen oder Wirkungen auf der körperlichen Ebene.

Es ist gut, nach einiger Zeit zu prüfen, ob der Stein noch passend ist. Manchmal vergisst man den Stein auch plötzlich oder er fühlt sich einfach nicht mehr richtig an. Im Alltagsgeschehen geht so etwas meist unter, deshalb bietet es sich an, in regelmäßigen Abständen immer nochmal neu eine Karte zu ziehen.

Jahreskarte

Silvester ist ein guter Start, um allein oder im Kreise deiner Freunde eine Jahreskarte zu ziehen. Dieser Stein begleitet dich nicht nur, er beinhaltet auch dein Thema für das neue Jahr. Wenn ihr in der Gruppe zieht, notiere dir den Namen des Steines und seine Botschaft und stecke die Karte wieder zu den anderen. Manchmal haben mehrere am Tisch dasselbe Thema. Das Gleiche gilt für eine Monats- oder Wochenkarte. Du kannst natürlich zu deiner Jahreskarte zusätzlich zwischendurch andere Karten ziehen, wichtig ist es, auf die Botschaften zu achten.

Zum Beispiel: Die Jahreskarte ist **Feueropal** – Dynamik, Handeln, Kreativität ... und dann ziehst du als Tageskarte **Achat** – Ruhe, Rückzug, innere Schau ... Es ist anscheinend Zeit, **Feueropal** für diesen Tag zur Seite zu legen und dich auf die Ruhe einzulassen.

Die Energie der Karten erspüren und damit arbeiten

Es ist wunderschön, Edelsteine zu besitzen und sie auch zu tragen oder in Räume zu legen. Wenn du aber deinen Heilstein (noch) nicht hast, ist das nicht schlimm. Um mit der Energie von den Heilsteinen zu arbeiten, benötigst du keinen realen Stein. Du könntest zum Beispiel die gezogene Karte unter dein Wasserglas oder Wasserkrug legen. Die Information überträgt sich auf die Flüssigkeit. Mittlerweile ist dies wissenschaftlich belegt. Der Japaner Masaru Emoto hat bewiesen, dass Wasser Schwingungen von Worten aufnimmt. Wieviel Zeit es braucht, ist unterschiedlich, ob 10 Minuten – 30 Minuten – oder gar 24 Stunden … fühl hin und es wird genau richtig sein für dich.

Du kannst die Karte auch zu deinen Füßen legen und die Energie des Steines von den Füßen bis hinauf zu deinem Kopf in die Aura ziehen. Ich habe damit gute Erfahrungen gemacht, meist ist es intensiver, als wenn du tatsächlich einen Stein trägst. Ebenso kannst du die Karte in einen Raum stellen und dir vorstellen, dass der Raum mit der entsprechenden Energie aufgeladen wird.

Warum ziehe ich gerade diese Karte?

C. G. Jung lebte für seine Forschungen archetypischer Bilder und Symbole der Seele. Er hat den Ausdruck der *Synchronizität* geprägt. Es bezeichnet den Zusammenhang von Ereignissen, in diesem Fall der Fragende und die Karten, zwischen denen scheinbar keine logisch überprüfbare Verbindung besteht. Zufall ist das, was uns auf Grund unseres inneren Zustandes, unserer Gedanken und unseres Handelns „zufällt". Deswegen kannst du nie die „falsche" Karte ziehen. Sie passt immer zur Situation, manchmal dauert es vielleicht einen Moment, bis wir ihre Botschaft verstehen. Sei offen für das, was dir zufällt.

Ich wünsche dir viel Freude, weise und „edle" Erkenntnisse bzw. Erfahrungen mit diesem Kartenset!

Kaya Lemke

Achat

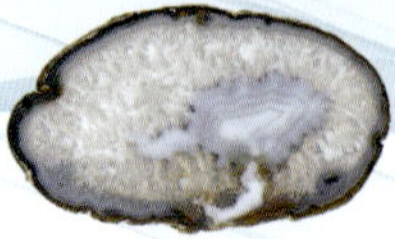

Farbe Braun bis rosa, grau bis blau, gelb, rost und weiß. Durch eingelagerte Fremdstoffe erhält Achat die typischen Bänderungen.

Überlieferung und Heilwirkung In der Antike galt Achat in Indien und Tibet als **Schutzstein**. Heute hat diese Aussage ebenso Gültigkeit wie damals. Der Stein gibt Geborgenheit und Sicherheit, indem er innere Spannungen löst und uns gegen äußere Einflüsse stärkt. Achate, deren innerer Hohlraum mit Wasser gefüllt ist, sogenannte Wasserachate, dienen dem Schutz der Schwangeren, schon im Mittelalter wurde der Stein so verwendet. Achat unterstützt den inneren **Rückzug** und hilft uns so, zu uns selbst zu finden. **Verwirrung legt sich** und wir handeln aus der Ruhe heraus. Bei gleichmäßiger Bänderung wirkt Achat noch **stabilisierender**. Wir zentrieren uns mehr auf das, was wir möchten. Er fördert unser geistiges Wachstum durch leichteres Verarbeiten unserer Erfahrungen und führt dadurch zu innerer Stabilität und Realitätssinn.
Bei **Magen- und Darmbeschwerden** sollte Achat auf den Bauch gelegt werden. Intensiver wirkt der Stein,

wenn die Bänderung die Form des betreffenden Organs nachbildet, zum Beispiel des Magens. Beruhigend für Magen und Darm wirkt Achatwasser. Achat und rosa Moosachat werden in einen Krug mit Leitungswasser oder Mineralwasser gelegt und bleiben längere Zeit im Wasser liegen. Das Wasser soll schluckweise über den Tag verteilt getrunken werden.

Ich selbst hatte eine schwierige Zeit nach dem Tod meines Partners und war lange sehr verwirrt. Dann trug ich Achat, der Stein gab mir Ruhe und ich fühlte mich wie von der Erde selbst getragen. Die Verwirrung klärte sich und ich kam sanft wieder in die Realität zurück.

Element Erde

Astrologie Stier: Achat gibt ihm die Kraft, seine Dinge mit Geduld und Ausdauer zu erledigen.

Skorpion: Achat mit Kristalleinschluss führt den Skorpion zu seinem Inneren. Er macht ihn stark gegen äußere Einflüsse.

Fische: Für die Fische ist Achat ein Schutzstein. Er hilft, sich nach außen abzugrenzen, und stärkt den Realitätssinn.

Amethyst

Farbe Hell- bis dunkelviolett durchscheinend, Amethyst Chevron ist opak, violett mit Weiß.

Überlieferung und Heilwirkung Das Wort „Amethyst“ stammt aus dem Griechischen: *amethyein = vor Trunkenheit bewahren*. Das ist darin begründet, das Amethyst **bei Süchten eine unterstützende und mindernde Wirkung** hat. Zu diesem Zweck sollte man eine größere Amethyst-Druse nehmen. Eine Druse ist ein Gesteinshohlraum, der, in diesem Fall, mit Amethyst-Kristallen ausgekleidet ist. Amethyst-Drusen sind dafür bekannt, dass sie das **Raumklima verbessern**, dadurch fällt es zum Beispiel leichter, zu meditieren. Der Stein lässt das Gedankenkarussel „leiser“ werden und schafft langfristig tiefen **inneren Frieden**. Durch die Ausgeglichenheit finden wir Zugang zu unserer spirituellen innewohnenden **Weisheit**.
Der Stein regt das **Träumen** an. Unter das Kopfkissen gelegt, soll er nach einiger Zeit zu einem tieferen und **erholsameren Schlaf** beitragen, da er die Bilderflut des Tages schneller verarbeiten lässt. Amethyst vereint Intuition und Realität, dadurch stellt sich eine

geistige Wachheit ein. Der Stein erhöht unsere Konzentration, somit wird das Denken und Handeln sicher und effektiv. Amethyst wirkt allgemein schmerzlindernd und spannungslösend. Kleinere Verletzungen lässt er schneller verheilen. Meist wird er bei Darm- und Lymphflussproblemen eingesetzt.

Amethyst ist „der Trauerstein", Verluste werden leichter verarbeitet. Als mein Mann verstarb, stürzte ich in tiefe „Löcher". Erst nach einiger Zeit trug ich einen Amethyst und trank zusätzlich Amethyst-Wasser. Ich merkte bewusst, wie die Wirkung einsetzte. Ich weinte immer noch viel, doch Amethyst ließ mich ruhiger werden.

Element Erde und Luft

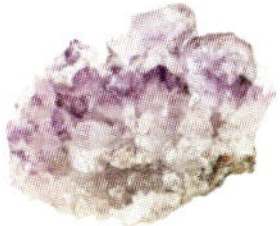

Astrologie Widder: Ist der Widder von einer starken Dynamik getrieben, schenkt Amethyst Ruhe. Der Stein fördert bei ihm die Geduld, im richtigen Moment zu handeln.

Jungfrau: Amethyst lindert Unruhe und schenkt Offenheit für neue Ideen.

Fische: Amethyst fördert beim Fisch die fehlende Seite, meistens die Erdung.

Aquamarin

Farbe Verschiedene Blau-Schattierungen, von hellblau über blaugrün bis meergrün, durchscheinend bis opak.

Überlieferung und Heilwirkung Die Farbe gab dem Stein seinen Namen, aus dem italienischen abgeleitet: *aqua marina = Meerwasser*. Im Mittelalter wurde er „Beryll" genannt, daher stammt unser Wort „Brille", da der Stein bei Augenkrankheiten eingesetzt wurde, das gilt heute auch. Aquamarin stärkt die Sehkraft. Zu diesem Zweck sollte er so oft wie möglich auf die Augenlider gelegt werden.
Seine Beschwingtheit und Leichtigkeit gepaart mit Tiefe ist ein großes Geschenk dieses Steins. So bringt er neuen Schwung ins Leben. Jedem, der sich für den Stein öffnet, schenkt er Hellsichtigkeit. Diese Weitsicht lässt uns „Türen" und Möglichkeiten sehen, die bis dahin nicht sichtbar waren.
Aquamarin fördert das Durchsetzungsvermögen. Das Selbstbewusstsein wird gestärkt, Widerstände werden als Herausforderung gesehen. Aggressionen und Gereiztheit mildert der Stein. Der Stein hebt die Stimmung bei depressiven Phasen.

Es heißt, dass Aquamarin der beste Stein bei Allergien sei. Bei Heuschnupfen sollte er schon einige Zeit vor dem Pollenflug getragen werden.
Einem Freund schenkte ich einen Aquamarin in der Adventszeit. Von den Eigenschaften des Steines erzählte ich nichts. Er trug den Stein von nun an jeden Tag, also den ganzen Winter, den Frühling und den Sommer über. Erst im Spätsommer bemerkte er, dass er so gut wie gar nicht unter Heuschnupfen gelitten hatte.

Element Wasser und Luft

Astrologie Zwillinge: Der Stein führt den Zwilling nach innen und fördert somit die Kommunikation mit seinem Höheren Selbst.
Waage: Aquamarin lässt die Waage unabhängig von anderen ihren Weg gehen.
Wassermann: Der Stein gibt ihm Klarheit für Geist und Seele.
Fische: Durch Aquamarin wächst der Fisch über sich hinaus. Er öffnet den Kanal für Hellsichtigkeit.

Aventurin

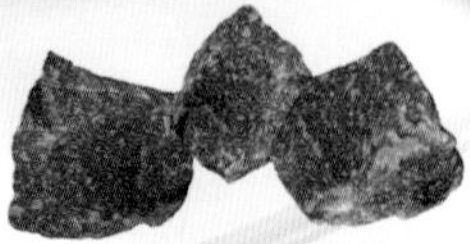

Farbe Grün bis gelblich, orange bis rot, immer mit winzigen goldfarbenen Sprenkeln.

Überlieferung und Heilwirkung Seinen Namen verdankt Aventurin Italien des 17. Jahrhunderts: *a ventura = aufs Geratewohl.* Der Name ist abgeleitet von seinem Aussehen, den wie zufällig eingestreuten Glimmerpunkten. Im Volksmund nannte man Aventurin auch den „Smaragd" für Arme, da Aventurin ein ähnliches grün aufweist wie Smaragd. Meditationsstein wäre der passende Name für Aventurin.

Der Stein hat eine beruhigende Wirkung auf den gesamten Organismus. Auf diese Weise stärkt er das Selbstbewusstsein und lässt einen geduldig auf den richtigen Zeitpunkt warten. Er gleicht die Gefühle aus, klärt den Verstand und schenkt somit innere und äußere Gelassenheit. Aus der Ruhe heraus öffnet Aventurin für neue Wege und fördert die Kreativität. Der Stein regt den Stoffwechsel an, so erleichtert er das Abnehmen.

Aventurin ist der perfekte Stein bei „Herzensangelegenheiten". Er senkt den Cholesterinspiegel und

stärkt das Herz. Empfehlenswert ist er auch bei unterschiedlichen Hautproblemen. Aventurinwasser lindert Ausschläge, Sonnenbrand und Juckreiz.
Kleiner Tipp: Kleine Aventurine in eine Flasche mit unparfümierter Körpermilch zusammen mit einem halben Teelöffel Perubalsam (ätherisches Öl, riecht köstlich nach Vanille) geben, das lindert den Juckreiz auf der Haut.
Ich bekam eines Tages plötzlich kleine rote Pickel am Bauch mit permanentem Juckreiz. Da ich die Ursache nicht kannte, linderte die oben genannte Körperlotion den Juckreiz und die Pickel verschwanden. Das Ganze wiederholte sich ein paar Mal. Vier Wochen später hatte ich den Einfall, das Waschmittel zu wechseln, da hörte es auf.

Element Erde

Astrologie Stier: Aventurin gibt dem Stier das Gefühl von Belastbarkeit ohne Druck.
Krebs: Aventurin beruhigt den oft aufgewühlten Krebs, er stärkt seine Verbindung zur Natur, um daraus Kraft und Ruhe zu schöpfen.
Schütze: Der Stein lässt den aktiven, teils überaktiven Schützen ruhiger werden.

Bergkristall

Farbe Farblos bis weiß, transparent bis milchig, manchmal mit nebligen Einschlüssen.

Überlieferung und Heilwirkung Bergkristall hat seinen Namen aus dem Griechischen: *kristallos = Eis*. Für die Griechen war Bergkristall gefrorenes Eis. Der Stein wurde schon im Mittelalter als Energie- und Kraftspender genutzt.

Er vermittelt Klarheit und Reinheit. Bergkristall lässt deine innere Wahrheit ans Licht kommen. Seine Klarheit weist den Weg zum Lebensziel. Der Stein bringt dich in deine Mitte, denn was dir auch fehlt, Bergkristall gleicht es aus. Er ordnet die Gedanken und verhilft, zum richtigen Zeitpunkt zu handeln. Der Stein verstärkt grundsätzlich die Wirkung anderer Steine. Trägst du also Bergkristall und Aventurin, so ist die Wirkung des Aventurins um ein vielfaches einflussreicher.

Der Stein ist vielseitig einsetzbar: Er ist energetisierend, vitalisierend und auch fiebersenkend. Nimmst du eine Bergkristallspitze und hältst die spitze Seite an den Körper, wird Energie zugeführt. Mit der abgeflachten Seite zum Körper kann überschüssige

Energie (zum Beispiel Energie in Form von Fieber) abfließen.
Bergkristall lässt Schwellungen abklingen, eine schnellere Wirkung wird erzielt in Kombination mit Prasem. Bei Übelkeit und Durchfall soll der Stein auf den Bereich des Magens oder Darms gelegt werden. Bergkristall hilft bei Geschwüren und Augenleiden, dies erkannte schon Hildegard von Bingen.
Als 12-Jähriger hatte mein Sohn Pfeiffersches Drüsenfieber mit hoher Temperatur. Damals nutzte ich eine Bergkristallspitze zum Ausleiten der Hitze aus seinem Körper. Zusätzlich trug er Bergkristall. Nach drei Wochen war er vollkommen geheilt.

Element Luft

Astrologie Zwillinge: Der Zwilling ist oft hin und hergerissen zwischen verschiedenen Möglichkeiten, durch Bergkristall sieht er alles als ein Spiel an und findet dadurch, ohne den üblichen Druck, sich entscheiden zu müssen, den richtigen Weg.
Steinbock: Der Steinbock gewinnt durch Bergkristall Klarheit. Er beginnt, sich mit der „unsichtbaren" Welt zu beschäftigen.

Bernstein

Farbe Hellgelb, goldgelb bis hin zu dunkelbraun, manchmal weißlich, transparent bis opak, hin und wieder mit organischen Einschlüssen, z.B. Insekten.

Überlieferung und Heilwirkung Bernstein war der erste Edelstein, der als Heilstein genutzt wurde, und dies schon seit 7000 Jahren. Er war so beliebt, dass er aus dem Samland via Weichsel – Alpenostrand – Adria nach Italien importiert wurde. Die Griechen nannten ihn „Elektron", wegen seiner elektrostatischen Eigenschaften. Bernstein wird auch das *Blut der Bäume* genannt. Schon Hildegard von Bingen arbeitete mit Bernstein, sie nannte ihn *Ligurius,* der Name bezieht sich auf Ligurien, jenes Land am Golf von Genua, an der eine der Bernsteinstraßen endeten. Bernstein steht für **Fröhlichkeit**, kindliche **Offenheit** und **Kreativität**. Selbst in scheinbar aussichtslosen Situationen gibt er Impulse für neuen Lebensmut. Er stärkt den Glauben an sich selbst und unterstützt somit den Erfolg im Leben. Bernstein macht flexibel und baut dadurch innere Widerstände ab. Er ist ein guter **Schutz- und Bannstein**, schon die Wikinger fertigten Amulette aus Bernstein.

Den meisten ist bekannt, dass Bernstein Linderung beim **Zahnen** bringt. Die beste Wirkung erzielt eine Bernsteinkette. Bernstein bringt die **Leberfunktionen** in Einklang und wirkt regenerierend auf den Darm. Er hat einen heilsamen Einfluss auf das gesamte Drüsensystem. Erleichterung schafft Bernstein bei **Rheuma**.
Schon Hildegard von Bingen setzte Bernstein bei **Problemen des Magens**, der **Milz** und der **Nieren** ein. Sie empfahl den Stein in Wein, Bier oder Kuhmilch „einzulegen" und dem Patienten schluckweise zu trinken zu geben. Ich würde nicht dazu raten, denn Bernstein hinterlässt in Flüssigkeiten einen mehr als unangenehmen Geschmack. Stelle lieber den Wasserkrug auf die Bernstein-Karte.
Bernstein gibt mir ein leichtes und beschwingtes Lebensgefühl und lässt mich sofort die positive Seite des Lebens sehen.

Element Feuer

Astrologie Krebs: Der Krebs gewinnt durch Bernstein Fröhlichkeit und bekommt den Mut, sein Schneckenhaus zu verlassen.
Zwillinge: Bernstein schenkt den Zwillingen Wärme, sodass sie dem Leben entspannt entgegentreten können.

Calcit

Farbe Gelb, grün, blau, braun, rosa, weiß, selten schwarz, durchscheinend bis opak.

Überlieferung und Heilwirkung Kalkstein war Namensgeber für Calcit (früher Kalzit), aus dem griechischen *chalix = kleiner Stein*. Im Volksmund wird Calcit auch *Beinbruchstein* genannt. Es gibt über Calcit nur wenig Überlieferungen, nur dass er bei Hautkrankheiten eingesetzt wurde.
Calcit ist der Stein für **inneres Wachstum**. Deshalb unterstützt er die geistige Entwicklung bei Kindern, denn er erleichtert ihnen die einzelnen Entwicklungsphasen, besonders wenn sie mutlos sind. Bei Heimweh wirkt rosa Calcit am besten. Calcit stärkt das **Selbstbewusstsein** und gibt Stabilität. Er lässt dich über den eigenen Schatten springen, wenn du dir selbst im Weg stehst. Der Stein wirkt gegen Trägheit, er mobilisiert alle Energien in dir. Aus dem neuen Antrieb heraus entwickeln sich neue Ideen. Dank des Steins hast du ein gutes Unterscheidungsvermögen und weißt genau, was für dich das Richtige ist.
Auch heute noch wird der Stein bei **Hauterkrankungen** eingesetzt, er lindert Hautreizungen. Calcit

stärkt das **Herz** und normalisiert Rhythmusstörungen. Nicht zufällig wird Calcit Beinbruchstein genannt, er fördert die Heilung und das Wachstum von Gewebe und **Knochen**.
Eine Freundin von mir hat lange Calcit getragen. Der Stein half ihr in der Zeit schwerer Kieferprobleme. Anders als andere Steine, die den Selbstwert aufbauen und stärken, wärmt Calcit von innen auf sanfte Art und Weise und stärkt den Solar Plexus. Aus der Tiefe der Seele stellt sich ein Wissen ein: Alles wird gut, ich schaffe es!

Element Erde und Luft

Astrologie **Krebs:** Der Krebs gewinnt neuen Lebensmut, die Dinge anzupacken, die anstehen. Er gewinnt durch Calcit Standhaftigkeit und stärkt seinen Selbstwert.
Steinbock: Er nimmt das Leben oft zu ernst. Calcit lässt den Steinbock erkennen, dass Entwicklung auch mit Leichtigkeit und Tiefgang umzusetzen ist.

Chalcedon, blau gebändert

Farbe Weiß und blau bis intensiv hellblau, mit wellenartigen hellen Bänderungen.

Überlieferung und Heilwirkung Für Chalcedon stand eine griechische Stadt am Bosporus Namens *Calchedon* Pate. Im Altertum waren Gemmen aus Chalcedon sehr beliebt. Die Menschen setzten ihn bei Wetterzauber ein, da sie ihm die Elemente Luft und Wasser zusprachen.
Hildegard von Bingen benutzte Chalcedon, um Jähzorn zu lindern. Sie wusste auch um die Wirkung des „Redens" – wer den Stein anhauche und mit der Zunge berühre, der werde beredsam. Chalcedon wird nicht umsonst *der Stein der Redner* genannt. So ist es nicht verwunderlich, dass er bei allen Krankheiten des **Hals- und Kehlkopfbereiches** eingesetzt wird. Gefühle und Wünsche werden uns bewusster. Er zeigt uns die wahre Motivation hinter unserem Handeln. Chalcedon vermittelt beschwingte **Leichtigkeit** und stärkt den **Selbstausdruck**, ohne im Mittelpunkt sein zu wollen. Scheue Menschen verlieren ihre Zurückhaltung nicht nur den Mitmenschen, sondern auch dem Leben gegenüber. Extrovertierte

Menschen, die zu Jähzorn und Streit neigen, werden dagegen sanfter. Chalcedon wirkt **ausgleichend bei Wetterfühligkeit und Gleichgewichtsstörungen**. Der Fluss der Körperflüssigkeiten und Lymphe werden angeregt und damit Wassereinlagerungen abgebaut. Der Stein wirkt hilfreich beim **Milcheinschuss** nach der Entbindung.

Eine Freundin stand vor der mündlichen Prüfung. Sie ist eher zurückhaltend und schüchtern. Ich empfahl ihr, schon 2 Wochen vor der Mündlichen einen Chalcedon zu tragen und Chalcedon-Wasser zu trinken. Während der Prüfung sprudelte ihr Wissen nur so hervor, von Zurückhaltung und Schüchternheit keine Spur.

Element Luft und Wasser

Astrologie Krebs: Chalcedon veranlasst den scheuen Krebs, seine Bedürfnisse zu äußern.

Zwillinge: Chalcedon bringt den Zwilling in Kontakt mit seiner inneren Stimme. Der Stein lässt ihn seine Erfahrungen klar nach außen tragen.

Schütze: Der Schütze, der oft die Maske des Fröhlichen trägt, wird durch Chalcedon veranlasst innezuhalten. Er stellt sich der inneren Wahrheit und kann seine Erkenntnisse klar äußern.

Citrin

Farbe Hellgelb über sonnengelb bis hellbraun, transparent.

Überlieferung und Heilwirkung Die zitronengelbe Farbe war Namensgeber für diesen Edelstein. Im Mittelalter hatte Citrin viele Namen: Pseudotopas, spanischer oder indischer Topas. Manche sagten auch Goldtopas, dadurch kam es zu Verwechselungen mit dem echten Goldtopas.
Citrin vermittelt **Klarheit**. Bewusst schauen wir unser Leben an und erkennen, was uns entspricht und was nicht. Auf diese Weise hilft er uns, überlebte Muster aus der Kindheit zu erkennen und zu verändern. Verdrängte Situationen und Bilder tauchen auf, ohne uns zu ängstigen. Wir sind bereit, diese zu lösen, indem wir entsprechend anders handeln. Auf leichte Art und Weise vermittelt er **Lebensfreude** und **Lebensmut**. Er wird bei Depressionen eingesetzt. Durch unser gestärktes Selbstbewusstsein trauen wir uns, neue Wege zu gehen. Der Stein öffnet die Tür zu unserer **Kreativität**. Citrin wärmt die Seele und stärkt die Nerven.
Milz und **Bauchspeicheldrüse** werden von Citrin in

ihrer Arbeit unterstützt. Er soll eine positive Wirkung im Anfangsstadium bei **Diabetes** haben. Bei **Magenproblemen** soll Citrin, auf den Bauch gelegt, beruhigend wirken. Ähnlich wie in der Homöopathie kann es zu einer Erstverschlimmerung kommen.
Eine Patientin litt unter einer schweren Depression. Ich schenkte ihr einen Citrin, nach langem Tragen trat eine Besserung ein, dennoch kamen die Depressionen in Wellen zurück. Erst als sie eine Kombination von Citrin, Bernstein und Sonnenstein trug, trat definitiv eine Veränderung ein. Sie hatte plötzlich den Mut auszuziehen, sich einen Job zu suchen und ein neues Leben anzufangen.

Element Luft und wenig Feuer

Astrologie Zwillinge: Trägt der Zwilling Citrin, wird seine Gefühlswelt klarer.
Löwe: Der Citrin stärkt den Löwen in seinem ohnehin schon starken Selbstvertrauen, lässt ihn aber auch seine Schwächen ansehen und wandeln, die der Löwe gerne verdrängt.
Jungfrau: Der Stein weicht das Rationale der Jungfrau auf und gibt ihr Weitblick. Durch Citrin entdeckt die Jungfrau ihre Kreativität.

Diamant

Farbe Die wertvollsten Steine sind klar und farblos, manche haben eine leichte Gelbfärbung. Rohdiamanten sind opak, hell bis dunkelgelb, grau bis braun oder weißlich.

Überlieferung und Heilwirkung Den Namen hat der Diamant seinem Härtegrad zu verdanken. Im Griechischen heißt der Stein *adamas = der Unbezwingbare*. Die Inder bezeichnen ihn poetischer Weise als *„Bruchstück der Ewigkeit"*. Im Mittelalter hat Hildegard von Bingen schon mit dem Diamanten gearbeitet: „… wer jähzornig ist, behalte ihn im Munde …" In dieser Zeit war der Diamant ein Symbol für Stärke und Unverwundbarkeit. Hatte man ihn allerdings unrechtmäßig erworben, sollte er seinen Träger ins Unglück stürzen.
Diamant klärt die Gedanken und unterstützt das logische Denken. Der Stein fördert den Weitblick und ermöglicht somit, größere Zusammenhänge zu überblicken. Er bringt geistige Freiheit und führt uns zu einem selbstbestimmten Leben, ohne „faule" Kompromisse. Wer zu Diamant greift, sollte sich bewusst sein, dass die Kraft des Steines unsere *„Leichen im*

Keller“ zum Leben erweckt. Er fordert uns auf, „Altes“ zu verarbeiten. Der Lohn ist tiefe Zufriedenheit und ein Gefühl von *angekommen sein*. Diamant hilft bei Entscheidungsschwierigkeiten und Problemlösungen.
Der Stein reguliert den Gleichgewichtssinn. Diamant hilft bei Krankheiten, die mit dem Gehirn, dem Nervensystem und den Hormonen zu tun haben. Diamant unterstützt alle Reinigung des gesamten Körpers.
Ich selbst habe die Diamant-Karte lange unter mein Wasserglas gelegt und das hat mir geholfen, zu merken, dass ich Altes loslassen muss.

Element Luft und Feuer

Astrologie Widder: Der Stein konfrontiert ihn mit seinen Schattenseiten und hilft ihm, sie zu verarbeiten. Der Widder erreicht so sein höchstes Potenzial. Löwe: Selbstdarstellungen und Machtgehabe werden dem Löwen unwichtig. Der Löwe stellt sich in den Dienst von etwas Höherem und reift zu wahrer Größe. Steinbock: Der Steinbock wird durch das Tragen eines Diamanten zum Licht für andere. Er strahlt Mut und innere Stärke aus.

Dolomit

Farbe Braun, rot und weiß gebändert.

Überlieferung und Heilwirkung Im Jahre 1791 reiste der französische Geologe Déodat Dolomieu in die Südalpen und entdeckte Kalksteine, die sich vom üblichen Kalk unterschieden. So erhielt Dolomit seinen Namen nach seinem Entdecker.
„Sei wie du bist! Irgendwann kommt es sowieso raus." Dolomit lässt dich **authentisch** sein, das Selbstbewusstsein wird gestärkt, gleichzeitig auch der **Gemeinschaftssinn**.
Der Stein lässt einen mit beiden Beinen fest im Leben stehen und sorgt somit für **Stabilität**. Gleichzeitig ist das Handeln eher von spielerischer Leichtigkeit. Dolomit schenkt **Urvertrauen**. Nach dem Motto: Ich bin stets zum richtigen Zeitpunkt am richtigen Ort und weiß, was zu tun ist. Er belebt den gesunden Menschenverstand. Durch einfach-pragmatisches Denken werden Probleme in Lösungen gewandelt.
Der Stein gleicht alle leidenschaftlichen Gefühlsausbrüche umgehend aus und schenkt tiefe Zufriedenheit.

Dolomit stabilisiert das Blut, da er den **Magnesium-** und **Calciumhaushalt** ausgleicht. Der Stein wirkt **krampflösend**.
Mit zunehmenden Alter nahm ich auch an Gewicht zu. Ich erkannte, dass mein Gewicht für die Standfestigkeit im Leben steht. Ich änderte mein Verhalten und trug Dolomit in Kombination mit Aventurin, um den Stoffwechsel anzuregen. Nach und nach verlor ich meine zusätzlichen Pfunde.

Element Erde und Luft

Astrologie Schütze: Dolomit hilft dem kreativen Schützen, seine Pläne nicht nur im Geiste durchzuspielen, sondern sie in die Realität umzusetzen.
Jungfrau: Der Stein verhilft der „verkopften" Jungfrau zu mehr Leichtigkeit und spielerischen Umgang mit den verschiedenen Möglichkeiten.

Dumortierit

Farbe Blau bis schwarzblau, manchmal auch grau, braun bis rötlich braun, generell mit dunklen Flecken und Schlieren gekennzeichnet.

Überlieferung und Heilwirkung Dumortierit vermittelt ein leichtes, beschwingtes Lebensgefühl. Nicht umsonst heißt er: „Take-it-easy"-Stein. Er vermittelt die Bereitschaft, festgefahrene Situationen aus unterschiedlichen Perspektiven zu beleuchten. Auf diese Weise liegt der Focus nicht mehr auf Ärger und Stress. Dumortierit lässt uns unsere zwanghaften Verhaltensmuster erkennen und neue lösungsorientierte Wege gehen. Der Stein wird unterstützend bei Suchttherapien eingesetzt. Er wandelt Ängste in Ruhe und Vertrauen in uns selbst. Menschen, die leicht in Panik geraten, sollten eine Zeit lang Dumortierit tragen, da der Stein eine ausgleichende Wirkung hat.

Dumortierit hat eine heilende Wirkung bei allen Magen- und Darmkrankheiten, wie z. B. Übelkeit, Erbrechen, krampfartige Bauchschmerzen und Durchfall. Der Stein lindert starke Kopfschmerzen.

Dumortierit ist der Stein, der Körper, Geist und Seele entspannt.
Eine Bekannte von mir hat sich beim Kartenspielen ständig aufgeregt und geschimpft. Ihr Mann meinte, seine Frau schimpfe den lieben langen Tag. Ich schenkte ihr einen Dumortierit am Lederband. Sie war ganz begeistert von dem schönen blauen Stein. Doch zwei Wochen später drückte sie mir ihn wieder in die Hand mit den Worten: Den kannst du wiederhaben, seit ich den trage, kann ich mich über nichts mehr ärgern!

Element Luft

Astrologie Krebs: In seinen Emotionen gefangen, verleiht er dem Krebs Leichtigkeit.
Steinbock: Dumortierit lässt ihn seine Verhaltensmuster erkennen und neue Wege gehen.

Feueropal

Farbe Von gelb bis orange bis feuerrot, mit „opalisierendem Farbenspiel“ meist grünlich, manchmal auch blau oder türkis.

Überlieferung und Heilwirkung Den Namen verdankt der Feueropal zum einen seiner Farbe und zum anderen dem Wort *Edelstein = upala,* das aus dem Sanskrit stammt. Aus den fernen Tagen Indiens ist Folgendes überliefert: Die Götter Brahma, Wischnu und Schiwa waren in Eifersucht um eine Diva entbrannt. Der Ewige war erzürnt und verwandelte die Schönheit in ein Nebelgebilde. Um sie dennoch im Nebel zu finden, verlieh jeder der göttlichen Liebhaber ihr eine Farbe: Brahma sein herrliches Blau, Wischnu den Glanz des Goldes und Schiwa ein leuchtendes Rot. Doch das farbige Nebelgebilde wurde vom Winde zerzaust, bis es den Ewigen erbarmte. Er verwandelte es in einen Stein, den irisierenden Opal, der in sich die Farbenpracht aller Steine vereinigt.
Langeweile war gestern … der Stein löst ein Feuer der Begeisterung für das Leben selbst in uns aus und somit unerschöpflichen Tatendrang. Unsere Energie

bekommt durch Feueropal einen richtigen Schub. Er macht fröhlich und heiter mit einer tiefen Gelassenheit. Feueropal weckt den Impuls, neue Wege zu gehen. Er weckt unsere Leidenschaft und Lust an der Sexualität. Da Feueropal die Hormonproduktion anregt, trägt er zur Förderung der Fruchtbarkeit bei.
Mit Feueropal hatte ich eine ganz besondere „Begegnung“. Vor ein paar Jahren bekam ich alle 4 Wochen einen Migräneanfall. Alle Steine, die einen Hinweis auf Kopfschmerzen aufwiesen, probierte ich aus, doch nichts half. Bei einer Freundin vertraute ich meiner Intuition und zog einen Feueropal aus ihrer Steine-Kiste. Ich trug den Stein, entspannte zusehends und bekam keine Migräne mehr. Es ist immer wieder ein Ausprobieren und kann bei jedem anders sein.

Element Feuer

Astrologie Widder: Der Widder weiß zwar, dass es einen Weg gibt, aber in der Umsetzung hat er Schwierigkeiten. Feueropal verleiht ihm Begeisterung für sein Vorhaben und dadurch die Spontaneität im Handeln.

Fluorit

Farbe Rosa bis violett, grün, blau, blaugrün, gelb, braun, auch farblos, in einem Stein finden sich mehrere Farben, manchmal sehr intensiv, dann wieder blass.

Überlieferung und Heilwirkung Im 18ten Jahrhundert wurde Fluorit Flussspat genannt, daher ist der Name abgeleitet: aus dem Lateinischen *fluere* = *fließen*. Würfelspat und Wolfssalz waren im Mittelalter gängige Namen für Fluorit.
Dieser Stein lässt uns einen gesunden Egoismus an den Tag legen. Manchmal lässt er einen radikal und kompromisslos handeln, sobald wir auf Unrecht und Unterdrückung stoßen. Wir sind nicht länger bereit, „faule Kompromisse" zu leben, und lösen uns von allem, was uns einengt. Fluorit sorgt für geistige Klarheit, somit können wir uns beim Lernen besser konzentrieren. Er schafft es, aus Chaos Ordnung herzustellen, das gilt für das Innere und auch für unaufgeräumte Ecken im Haus. Mit Fluorit wirst du zum Freigeist, Engstirnigkeit und „kleinkariertes" Verhalten werden gewandelt. Somit wirkt Fluorit auch bei äußerlicher „Steif-

heit“ wie Gelenkerkrankungen, z. B. Arthritis oder Rheuma. Fluorit stärkt Knochen und Zähne.
Ich trage immer mal wieder spontan Fluorit, da der Stein mich aus meiner geistigen „Enge“ und aus Fremdbestimmung befreit. In meiner Partnerschaft merkte ich eines Tages, dass ich das Verhalten meines Partners angenommen hatte und anfing, plötzlich akribisch meine Ausgaben und Einnahmen zu kontrollieren. Eine Freundin riet mir zu Fluorit und ich konnte erkennen: Das war nicht ich! Jetzt folge ich wieder meinem Gefühl.

Element Luft

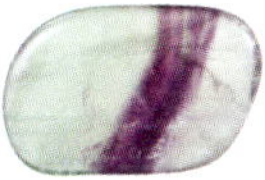

Astrologie Skorpion: Der Stein verleiht dem Sternzeichen innere Stärke. Er lässt ihn alte Verhaltensmuster erkennen und verändern.
Wassermann: Fluorit schenkt dem Wassermann Klarheit über seine Ängste und Träume.

Granat

Farbe Hellrot, blutrot, braunrot, braun, schwarzrot bis schwarz, honiggelb bis gelbbraun, dunkelgrün bis leuchtend grün.

Überlieferung und Heilwirkung Granat ist der einzige Stein, bei dem die Namensgebung nicht eindeutig ist: lateinisch *granatus = Saat,* Hinweis auf die Farbe des Granatapfels, oder *granum = Korn,* abgeleitet von der Kristallform. Im Mittelalter wurde er oft mit dem Rubin verwechselt, da beide Steine Karfunkel genannt wurden.
Granat ist der Stein, der uns nach Chaos und Zusammenbrüchen wieder **Mut zum Neuanfang** gibt. Der Stein lässt uns nicht in Traurigkeit verharren, sondern gibt uns eine dauerhafte Energie, die Dinge, die gemacht werden müssen, anzupacken. Granat schenkt Vertrauen in die eigene Kraft, Durchhaltevermögen und den Mut, neue Wege zu gehen. Er ist auch als „**Krisenstein**" bekannt. Es ist kein Zufall, dass er immer nach Kriegsende in Mode kam. Granat macht unmissverständlich klar, nur im *Jetzt* zu leben. Der Stein veranlasst uns, über den eigenen „Tellerrand" zu schauen und stärkt unseren Ge-

meinschaftssinn. Granat sorgt bei längerem Tragen für eine ausgeglichene **Sexualität**. Er sorgt für einen stabilen Kreislauf und ein intaktes **Immunsystem**. Granat unterstützt den Darm bei der Nährstoffaufnahme.

Als ich im Urlaub bei meiner Schwester war, wollte sie unbedingt mit mir und meinen Kindern einen Berg von 2600 m Höhe besteigen. Schon nach der Hälfte hatte ich genug. Meine Schwester gab mir während der Pause ihren Granat in die Hand. Ich setzte mich etwas abseits und ließ mich auf den Stein ein. Ich schaffte es tatsächlich bis nach oben. Seit diesem Erlebnis trage ich Granat, wenn ich Kraft und Ausdauer brauche.

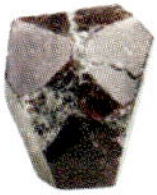

Element Feuer und Erde

Astrologie Widder: Granat schenkt dem Widder Ausdauer und Durchhaltevermögen, seine Projekte zu Ende zu bringen.

Skorpion: Der Stein wirft den Skorpion auf sich selbst zurück. Er sieht die eigenen Unzulänglichkeiten und bekommt ein besseres Gespür für andere.

Heliotrop

Farbe Grün bis dunkelgrün mit rötlichen Einschlüssen, bzw. Punkten oder Sprenkeln.

Überlieferung und Heilwirkung Heliotrop bedeutet „Sonnenwendstein". Die Bedeutung des Namens kommt aus dem Griechischen: *heliou tropai = Sonnenwende*. Hildegard von Bingen nutzte die Energie des Steines bei Erkältungskrankheiten, des Weiteren bei Rheuma und Gicht. Sie nannte den Stein *Blutjaspis,* ebenso wie der Naturforscher Albertus Magnus (1193 – 1280). Er nutze die Kraft des Steines, um Fieber zu senken.
Heute gilt Heliotrop als **Schutzstein**. Der Stein vermittelt das Gefühl, als stünden wir in einem Schutzkreis. Er wehrt Fremdenergien ab und bestärkt den Träger des Steines darin, bei sich zu bleiben, authentisch zu sein und sich eventuell abzugrenzen. Wir haben mehr Abstand zu den vielen Eindrücken, die auf uns einstürmen. Wir können diese leichter verarbeiten, dadurch ist ein besserer **Schlaf** garantiert. Bei Wut und Aggressionen wirkt Heliotrop **beruhigend**. Der Stein bringt **Geduld** und lässt dich über manche Entscheidung noch einmal schlafen.

Heliotrop hilft hervorragend bei allen Erkältungskrankheiten. Am besten schon beim ersten Anzeichen zu dem Stein greifen und am Körper tragen. Heliotrop erleichtert das **Fasten**, da er entgiftend wirkt.
Eine Zeit lang fühlte ich mich innerlich gezwungen, jedem sofort bei allem zu helfen. Ich suchte nach einem Stein, der aus Fremdbestimmung löst. Die erste Wahl fiel auf Heliotrop. Ich trug den Stein eine längere Zeit und siehe da: Ich bot meine Hilfe nicht mehr von mir aus an, sondern wartete, bis ich gefragt wurde. Dieses Verhalten hat im Freundeskreis zunächst für Verwunderung, teils sogar für Ärger gesorgt – trotzdem blieb ich bei mir.

Element Erde und Feuer

Astrologie Jungfrau: Heliotrop lässt die Jungfrau ihre eigenen Stärken, aber auch Schwächen sehen, sie annehmen und wandeln.
Waage: Die Waage möchte es jedem rechtmachen. Heliotrop verschafft der Waage eine natürliche Abgrenzung, ohne den anderen zu verletzen. Der Stein hilft ihr, aus sich heraus glücklich zu sein.

Jaspis rot

Farbe Rostrot, braun, manchmal mit hellen Flecken oder Bänderungen. Zu rotem Jaspis zählt auch der rote Brekzienjaspis.

Überlieferung und Heilwirkung Das Wort „Jaspis“ leitet sich aus dem Griechischen: *iaspis* = *gesprenkelt,* für gesprenkelter Stein ab. Diese Bezeichnung stammt ursprünglich aus einer orientalischen Sprache, möglicherweise aus dem Altägyptischen oder Persischen: *yashp.* Die gesprenkelte Variante finden wir bei Brekzien-, Leopardenfell- und Augenjaspis. Jaspis war im Altertum bei den Griechen und Römern ein angesehener Schmuckstein.
Roter Jaspis ist ein Kraftstein. Der Stein stärkt unseren Willen und gibt uns gleichzeitig Standfestigkeit. Er macht Mut zum Handeln, sodass wir unsere Ideen in die Tat umsetzen. Anders als beim Feueropal verbindet der rote Jaspis sein Feuer mit der Erde und gibt uns somit Widerstandsfähigkeit, Durchhaltevermögen und Zähigkeit. Er stärkt unser Selbstbewusstsein. Der Stein schenkt uns inneren Frieden, indem wir unsere liegenge-

bliebenen Arbeiten erledigen. Er stärkt die Konfliktbereitschaft und die Einsicht, dass ein Streit auch konstruktiv sein kann.

Roter Jaspis regt unseren Energiefluss und den Kreislauf an. Er wird bei niedrigem Blutdruck eingesetzt.

Bei meiner Nichte wirkte der rote Jaspis sehr schnell, sie erledigte im Handumdrehen ihre Hausaufgaben und hatte endlich mehr Zeit zum Spielen.

Element Erde und Feuer

Astrologie Widder: Roter Jaspis fügt dem Feuer des Widders Mitgefühl und Geduld hinzu.

Krebs: Der verträumte Krebs wird durch den Stein mit Ausdauer und Realitätssinn belohnt.

Skorpion: Der tiefgründige Skorpion fühlt sich durch die Erdung, die der Stein ausstrahlt, geborgen und beschützt.

Karneol

Farbe Orange, gelb, rot, braun. Meist mit hellen, fast weißen Bänderungen oder Flecken.

Überlieferung und Heilwirkung Der Name des Steines stammt aus dem Lateinischen: *carneolus* = *fleischfarben*. Die einzige Überlieferung stammt aus dem Mittelalter: Hildegard von Bingen setzte den Stein zum Blutstillen ein.
Ebenso wie roter Jaspis schenkt uns Karneol **Mut** und **Kraft**, nur „feiner". Es geht um den Mut, sich den alltäglichen Herausforderungen zu stellen, und das mit einer gewissen Leichtigkeit. Der Stein hebt die emotionale Stimmung. Depressive und melancholische Stimmungen werden angehoben. Er klärt Verwirrung und gibt geistige **Klarheit**. Probleme werden auf einfache, pragmatische Weise gelöst.
Karneol schenkt **Lebenslust**, auch im sexuellen Bereich. Er ermutigt uns, zu sagen, was wir möchten, sodass Sex kein Tabu-Thema mehr ist.
Die Energie des Karneols bringt unseren Kreislauf in Schwung. Karneol ist der Stein gegen **Appetitlosigkeit**. Er regt die Nährstoffaufnahme im

Dünndarm an. Karneol wird somit bei krankheitsbedingten **Essstörungen** eingesetzt.
Karneol macht mich immer leicht beschwingt und somit ist es ein Leichtes, den Alltag zu bewältigen. Probiert es einfach mal aus, wenn es etwas gibt, wovor ihr euch sträubt, trinkt Karneol-Wasser oder nehmt einen Karneol in die Hand und wartet, was geschieht.

Element Erde und Feuer

Astrologie Widder: Der Stein gibt ihm Erdung, trotz der vorhandenen Lebendigkeit und Kreativität des Widders.
Zwillinge: Gelber Karneol gibt dem Zwilling eine stabile Ausgangsposition und zentriert ihn so, dass er seine Energien nicht zerstreut.
Jungfrau: Er schenkt der Jungfrau Sicherheit, seine Vitalität zu leben.

Labradorit

Farbe Grau oder weiß, mit schillernden Farben von grün, blau, rötlich und gelb.

Überlieferung und Heilwirkung Labradorit wurde 1770 erstmals auf der Halbinsel Labrador (Osten Kanadas) entdeckt. Der Ort war zugleich Namensgeber des Steines. Weißen Labradorit nennen viele Händler auch „*Regenbogen Mondstein*". Das führt oft zu Verwirrungen, da Labradorit und Mondstein entgegengesetzte Wirkungen haben.
Grauer Labradorit ist sanfter in der Wirkung als weißer Labradorit. Er ist der beste Illusionskiller. Anders als Bergkristall gibt uns der Stein Klarheit, indem er uns das zeigt, was wirklich „da" ist und nicht, was wir sehen wollen. Wir begreifen meistens erst im Nachhinein, dass unter jeder schmerzhaften Wahrheit die Erkenntnis innerer Größe liegt. Labradorit regt die Intuition und Medialität an. Sein Farbenspiel lässt uns in kindliche Begeisterung fallen, mit manchmal scheinbar 1000 Ideen. Der Stein regt somit unsere Phantasie an und lässt uns kreativ werden.
Labradorit wird bei rheumatischen Erkrankungen eingesetzt und wirkt wärmend auf den Körper.

Ich hatte mich ver–liebt! Ich lebte auf dem Land, er in der Stadt, meine Wohnung war sehr individuell, er liebte Eiche rustikal. Ich dachte: Wenn ich Eiche rustikal pink streiche, wird das schon. Wir trennten uns vier Mal. Erst als ich Labradorit trug, sah ich ihn so, wie er wirklich war, und nicht, wie ich ihn sehen wollte.

Element Feuer, Luft und Erde

Astrologie Krebs: Der gefühlsbetonte Krebs packt unangenehme Erfahrungen gerne in „Kisten“. Labradorit hilft ihm, sich zu erinnern und der Wahrheit ins Gesicht zu schauen.
Jungfrau: Der disziplinierten Jungfrau bringt der Labradorit mit seinem Farbenspiel spielerische Leichtigkeit.

Lapislazuli Lapis

Farbe Blautöne, von hell bis dunkel, die beste Qualität ist leuchtend königsblau. Er hat meistens goldfarbene (Pyrit) oder weiße (Marmor) Sprenkel.

Überlieferung und Heilwirkung Seinen Namen verdankt Lapislazuli seiner Farbe. Im lateinischen heißt *blauer Stein = lapis lazuli.* Im Volksmund kurz Lapis genannt. Früher glaubten die Menschen, dass Lapis den Sternen übersäten Nachthimmel symbolisierte, wegen der Farbe und der Pyrit-Einschlüsse. Es hieß, er bringe den Menschen die Weisheit.
Heute wird Lapis auch „Stein der Wahrheit" genannt. Mit Lapislazuli bist du **authentisch**, du lebst deine eigene Wahrheit und hast den Mut, diese auch offen zu äußern. Dein **Selbstbewusstsein** wird gestärkt, und Lapis lässt dich mit Würde durch das Leben gehen. Er lässt dich gut Kritik annehmen, ohne die Worte persönlich zu nehmen. Der Stein lockt aus der Reserve und macht **kontaktfreudig**. Daher nennen ihn manche auch *„Stein der Freundschaft"*. Das Besondere an Lapis ist, dass er beruhigend als auch anregend wirken kann.

Lapis ist dem Hals-Chakra, dem Energiezentrum im Hals, zugeordnet. Er wird gerne bei **Erkältungen** eingesetzt, die mit **Halsschmerzen** beginnen. Lapis reguliert die Funktion der **Schilddrüse**.
Frauen, die sich länger mit Lapis beschäftigen oder ihn gar tragen, haben in manchen Fällen plötzlich keine Menstruation mehr und glauben, sie seien schwanger. Lapis kann die Regel aussetzen lassen!
Meine Schwester trug eine Zeit lang Lapislazuli, um authentisch zu sein. Sie erzählte mir, mit Lapis sage sie immer die Wahrheit und sei offen für Kritik. Egal, wie diese ausfiel, sie konnte es „vor" sich stehen lassen und nahm das Gesagte nicht als persönliche Verletzung auf. Das half ihr in vielen Gesprächen mit Freunden.

Element Luft und Erde

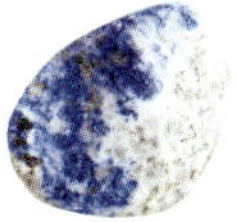

Astrologie Schütze: Lapis öffnet den Schützen für die Meinung der anderen. Er verliert die Angst, sich mit sich selbst auseinanderzusetzen.
Waage: Durch Lapislazuli äußert die Waage ihre Meinung, ohne lange abzuwarten, ob es richtig ist.

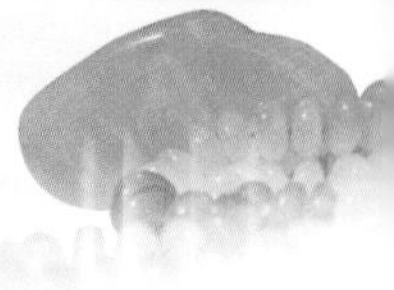

Mondstein

Farbe Farblos bis milchig, beige, gelb bis orange, grau, grünlich bis bräunlich. Meist mit einem sanften wogenden Lichtschimmer, der auch bläulich sein kann.

Überlieferung und Heilwirkung Wie der Name uns verrät, trägt der Stein die Kraft des Mondes in sich und ist das Symbol für **Weiblichkeit** und Hingabe. Er lehrt Weiblichkeit in ihrer wirklichen Stärke und gleicht die fehlenden Aspekte aus. Edgar Cayce behauptete, dass der Stein Harmonie und inneren Frieden schenkt. Mondstein schenkt Gefühlstiefe und **Sinnlichkeit**. Der geheimnisvoll schimmernde Lichtlauf des Mondsteins verbindet uns mit unserer träumerischen, empfindsamen Seite. Wer sich längere Zeit mit Mondstein auseinandersetzt, entrückt ein wenig der Realität und scheint über dem Boden zu *„schweben"*.

Mondstein ist der Gegensatz von Labradorit, denn er lässt uns auf unsere Illusionen hereinfallen. Wir sehen nur das, was wir sehen *wollen*. Der Stein stärkt unsere **Intuition** und öffnet uns für spontane *verrückte* Handlungen. Im Arbeitsalltag sollte er daher nur kurze Zeit getragen werden.

Mondstein gleicht die körperlichen und seelischen Belange der Frauen in bestimmten Lebensphasen aus: Schwangerschaft, Geburt, Menstruation und Klimakterium.
Eine Freundin von mir lebt sehr extrem ihre männliche Seite und beschwerte sich dann auch noch, dass ihr Partner so „weich" sei. Ich empfahl ihr, Mondstein zu tragen, um ihre weibliche Seite zu stärken. Denn wenn sie in die Weiblichkeit käme, würde der Partner in seine Männlichkeit kommen. Schon nach ein paar Tagen gab sie mir den Stein zurück. Sie meinte: Seit sie ihn trage, sei sie äußerst empfindlich und bekomme den Alltag nicht geregelt, da sage sie ihren Männern im Haus (Ehemann und Söhne) doch lieber, wo es langgehe.

Element Wasser

Astrologie **Krebs:** Mondstein löst beim Krebs verhärtete Strukturen im emotionalen Bereich auf. Der Stein lässt ihn die ganze Bandbreite der Gefühle leben, ohne sich zurückzuziehen.
Steinbock: Blockaden im Gefühlsbereich werden durch Mondstein aufgeweicht, der Steinbock folgt mehr seinem Herzen.

Peridot Olivin/Chrysolith

Farbe Olivgrün, gelbgrün bis bräunlich, leuchtend limonengrün, meistens transparent.

Überlieferung und Heilwirkung Der Name ist abgeleitet von dem Synonym *Olivin,* von der olivgrünen Farbe des Steines, lateinisch *oliva* = *Olive*. Im Mittelalter wurde Peridot oft als Topas bezeichnet und gegen den Bösen Blick eingesetzt.
Heute ist Peridot einer der Steine, der aus Fremdbestimmung befreit, der Stein lässt dich authentisch leben. Sanfter als Heliotrop bringt dich die Energie des Steines dazu, immer wieder eine Frage zu stellen: *Was will ich wirklich?* Nach und nach stärkt sich dein *Selbstbewusstsein*. Peridot lässt uns Fehler eingestehen und uns selbst verzeihen. Der Stein löst jede Art von negativen Gefühlen auf, die wir entweder gegen uns selbst oder gegen andere richten. Peridot hilft, aufgestautem Ärger oder Wut Luft zu machen, ohne persönlich zu werden.
Der Stein regt die Leberfunktion an und hilft so dem Körper, zu entgiften. Damals wie heute wird Peridot bei Hautirritationen und bei Warzen eingesetzt. Peridot regt den Stoffwechsel und die Herztätigkeit an.

Meine Nichte hatte eine Zeit lang immer wieder kleine Warzen unter ihren Füßen, und es wollte nichts wirklich helfen. Da sie in München lebt, hatte ich nur die Möglichkeit, energetisch mit ihr zu arbeiten. Ich setzte mich abends hin und stellte mir ihre Fußsohlen vor und wie ich dann auf jede kleine Warze einen Peridot auflegte. So verfuhr ich eine Woche lang, bei abnehmendem Mond, danach waren die Warzen verschwunden. Sie hat bis heute keine Probleme mehr damit.

Element Wasser und Luft

Astrologie Krebs: Der Krebs, der weder mit Mut noch mit Ärger umgehen will, öffnet sich für die aus seiner Sicht negativen Gefühle. Angestautes entlädt sich ohne Schuldgefühle.

Zwillinge: Der Peridot fügt der Leichtigkeit des Zwillings Klarheit hinzu. Meist jongliert er mit mehreren Möglichkeiten, der Stein lässt ihn sich auf das Wesentliche konzentrieren.

Prasem

Farbe Grasgrün bis lauchgrün, manchmal mit dunkleren Schlieren.

Überlieferung und Heilwirkung Das griechische Wort *prasos = Lauch,* gab dem Stein seinen Namen, hergeleitet von seiner Farbe. Hildegard von Bingen nutzte den Stein zur Schmerzbekämpfung und bei Fieber. Sie schätzte ihn auch bei Trauma bedingten Krämpfen.

Prasem hat eine tief beruhigende Wirkung. Wut und Zorn verrauchen und weichen einer friedlichen Versöhnung, ohne nachtragend zu sein. Wer zu lernen hat, dem Leben zu vertrauen, sollte auf Prasem verzichten. Der Stein stärkt den Willen und lässt wenig Spielraum für Offenheit.

Die kühlende Wirkung des Steines lässt Fieber sinken und lindert die Folgen von Insektenstichen, indem der Stein direkt auf den „Stich“ gelegt wird. Prasem zeigt eine fantastische Wirkung bei Schwellungen, als Folge von Prellungen oder Verstauchungen. Schon nach kurzer Zeit sieht und fühlt man den Erfolg, indem man den Stein auf die entsprechende Körperstelle auflegt. In Prasem-Wasser getränkte

Tücher ziehen die Hitze aus dem Körper bei Sonnenbrand.
Ich knickte einmal schlimm mit dem linken Fuß um. Kurze Zeit später war der Fuß doppelt so dick. Ich machte Quarkwickel und legte den Fuß hoch. Selbst nach einigen Tagen war keine Besserung in Sicht. Zusehends besser wurde es erst, als mein Bruder mir den Tipp mit Prasem gab. Ich legte mehrere Steine auf den geschwollenen Fuß und wickelte ein Handtuch darum. Nach drei Tagen ging die Schwellung langsam zurück.

Element Erde

Astrologie Widder: Nicht selten zeigt sich der Widder unbedacht, sogar aggressiv. Prasem bringt seine Gefühle ins Gleichgewicht. Er ist eher zur Versöhnung bereit.
Skorpion: Dem Skorpion fällt es schwer, zu vergeben und vergessen, Prasem hilft ihm, die Eigenschaften zu wandeln.

Rauchquarz

Farbe Hell- bis dunkelbraun, äußerst selten schwarz, manchmal gelblich, rauchig, transparent.

Überlieferung und Heilwirkung Der Name „Rauchquarz" ist von seiner Farbe abgeleitet. Das Wort Quarz kommt aus dem Slawischen: *kwardy* = *hart*. Sehr dunkle Steine, eine seltene Variante, werden Morion genannt.

Rauchquarz hat auch den Beinamen „Anti-Stress-Stein". Er hilft uns, in schwierigen Alltagssituationen die Ruhe zu bewahren und die Arbeit, die getan werden muss, nach und nach zu erledigen. Rauchquarz erhöht unsere Belastbarkeit im täglichen Leben. Er verleiht innere **Stärke**, sodass wir uns nicht mehr stressen lassen, sondern in unserem Tempo die Aufgaben erledigen.

Der ganze Körper entspannt sich, somit beugt er dem Herzinfarkt vor und löst **Krämpfe**. Bei Schmerzen sollte der Stein auf die betroffene Stelle gelegt werden. Rauchquarz bringt Verstand und Gefühl in Einklang. Der Stein lässt uns Entscheidungen vom Gefühl her fällen und gibt dem Verstand pragmatische, klare Gedanken zur Umsetzung des Themas.

Rauchquarz schütz vor Strahlungen beim PC oder Handy und lindert Beschwerden durch **Strahlungsschäden**.
Meine Mutter hatte eine Zeit lang einen sehr cholerischen Chef. Sie kam nachmittags meist weinend nach Hause und ging schon mit Magenschmerzen am nächsten Tag zur Arbeit. Ich brachte ihr einen Rauchquarz mit. Nach einer Woche begann sie sich zu entspannen. Egal wie der Chef auch tobte, sie blieb freundlich gelassen und erledigte die Arbeit. Sie ging pünktlich heim, obwohl noch Arbeit auf dem Tisch war. Die Magenschmerzen verschwanden und das Überraschendste war: Der Chef wurde ihr gegenüber ruhiger.

Element Luft

Astrologie **Stier:** Der Stein gleicht die Emotionen des hin und wieder aufgewühlten Stieres aus.
Schütze: Den aktiven Schützen lässt Rauchquarz ruhiger und gelassener werden.
Steinbock: Rauchquarz weicht die gefestigten Strukturen des Steinbocks auf.

Rhodochrosit

Farbe Meist rosa bis himbeerrot mit weißen kreisförmigen Bänderungen, selten auch kräftig rosa, durchscheinende Kristalle.

Überlieferung und Heilwirkung Der Name Rhodochrosit hat seinen Ursprung im griechischen: *rhodon = Rose* und *chrosiss/chroos = Farbe,* rosenfarben. Wie die Farbe des Steines vermittelt uns seine Energie „Think pink“. Leicht und schwungvoll lässt uns Rhodochrosit durch das Leben tanzen.

Es ist ein Stein der **Liebe**: Liebe für uns selbst, für das Leben und die Bereitschaft für eine neue Liebe, wenn man Single ist. Widmen wir diesem Stein Aufmerksamkeit, hüllt er uns in eine Aura von **Fröhlichkeit**, **Leichtigkeit**, **Sinnlichkeit** und **Sexappeal**. Wir strahlen förmlich und „stecken“ andere mit dieser Energie an. Dies überträgt sich auf alle Bereiche des Lebens. Die Arbeit geht leichter von der Hand, denn die neue Dynamik ist gepaart mit Klarheit. Die Kreativität wird angeregt und neue Ideen lassen uns die Arbeit leichter von der Hand gehen.

Rhodochrosit regt den **Kreislauf** und **Blutdruck** an. Achtung: Bei Bluthochdruck auf den Stein verzich-

ten! Bei beginnender **Migräne** soll ein Rhodochrosit auf den Punkt am Hinterkopf gelegt werden, wo das Rückenmark in den Schädel übergeht: Medulla Oblongata.
Meine Freundin ist einiges älter als ich und war sehr lange Single, ich empfahl ihr einen Rhodochrosit. Es dauerte ungefähr 4 Wochen, da bemerkte ich eine unglaubliche Veränderung. Sie kleidete sich nicht mehr in grau. Die ganze Farbpalette kam zum Tragen: blau, weiß, pink und andere Töne. Ihre Stimmung war ausgesprochen fröhlich. Es dauerte noch weitere 7 Wochen, da lernte sie jemanden kennen. Die beiden sind zwar nicht mehr zusammen, aber die Energie des Steines weckte in ihr Facetten, die bis Dato verborgen waren.

Element Feuer und Luft

Astrologie Krebs: Der Stein hebt die Stimmung des oftmals melancholischen Krebses.
Steinbock: Der Rhodochrosit gibt Energie und Vitalität. Er regt die geistige und körperliche Aktivität des Steinbocks an und gibt so die nötige Dynamik, seine Entwicklung zu beschleunigen.

Rhodonit

Farbe Meist rosa bis dunkelrosa, mit schwarzen Einschlüssen. Selten ist er farblos bis bräunlich.

Überlieferung und Heilwirkung Der Name wird wie bei Rhodochrosit von der Farbe abgeleitet; aus dem Griechischen: *rhodos = Rose*. Was bei den Bachblüten Rescue-Tropfen sind, ist Rhodonit bei den Heilsteinen. Er ist die erste Wahl nach traumatischen Erlebnissen und Schockzuständen. Rhodonit bringt einen wieder ins Gleichgewicht, da er beruhigt, Klarheit gibt und Verwirrung auflöst. Der Stein gilt als Trost-Spender, auch in Liebesdingen, da er eine stimmungsaufhellende Wirkung hat. Wut und Ärger lösen sich auf, durch die Erkenntnis, dass immer zwei zu dem „Spiel“ gehören. Rhodonit erweitert die Perspektive, sodass wir die Dinge mit den Augen des anderen betrachten können. Es zeigt sich Mitgefühl und Empathie statt Mitleid und Egoismus. So werden Streitereien für alle Beteiligten zum Besten beigelegt.
Rhodonit fördert eine schnelle Wundheilung. Der Stein wird direkt auf kleine blutende Verletzungen gelegt und schon nach kurzer Zeit ist die Blutung ge-

stillt. Der Stein regt den Kreislauf an und beruhigt und stärkt das Herz.
Mein Sohn hatte kurz nach seinem Führerschein einen schlimmen Auto-Unfall. Der Rettungshubschrauber flog ihn ins Krankenhaus, er konnte sich nicht bewegen. Ich fuhr noch am selben Abend dort hin und gab ihm wortlos einen Rhodonit in die Hand. Es dauerte keine 5 Minuten, da fing er bitterlich an zu weinen, er habe mein Auto „geschrottet" und wir hätten kein Geld für ein neues. Ich tröstete ihn, dass das Wichtigste seine Gesundheit wäre. Seine Lähmung löste sich. Drei Monate später gewann mein Sohn mit seiner Großmutter beim Glücksrad 38 000 DM.

Element Erde, Feuer und Luft

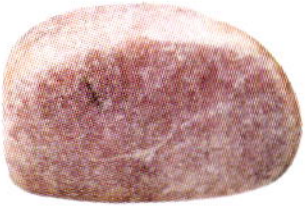

Astrologie Widder: Der Widder sieht ein, dass es nicht nur einen Schuldigen gibt. Konstruktiv setzt er sich mit seinem Gegenüber auseinander.
Krebs: Die sanfte Energie des Steines veranlasst den zurückhaltenden Krebs, Konflikte auszutragen.

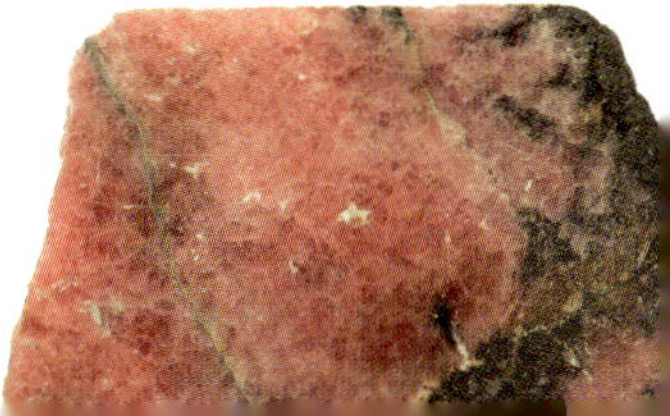

Rosenquarz

Farbe Durchscheinend bis opak, hell bis intensiv rosa, selten transparent, von natürlichen Rissen durchzogen.

Überlieferung und Heilwirkung Seit dem Jahr 1800 hat Rosenquarz den Namen seiner Farbe zu verdanken, er wurde „rosaroter Quarz“ genannt. Rosenquarz sagt man nach, er mache sanft, aber bestimmt: sanft vom Wesen her, konsequent im Handeln. Blockaden durch Verletzungen aus der Kindheit werden gelöst. Der Stein schafft eine Verbindung zu unserem Urvertrauen. Wir fühlen uns beschützt, in dem Wissen: Alles ist gut.
Bei partnerschaftlichen Problemen sollten beide Rosenquarz tragen, der Stein harmonisiert emotional und hilft bei sexuellen Schwierigkeiten. Rosenquarz ist der Stein der Liebe, zunächst fördert er die Selbstliebe und das Einfühlungsvermögen, erst dann sind wir fähig, andere zu lieben. Rosenquarz-Rohsteine harmonisieren Räume und schaffen zärtliche Momente. Durch seine Energie fördert er die Fruchtbarkeit der Frau. Der Stein stärkt das Herz und gleicht Rhythmusstörungen aus. Es heißt, Rosenquarz hält

Strahlungen fern, doch ich würde eher zu Rauchquarz greifen oder eine Kombination von beiden Steinen.
Ich habe mit Rosenquarz wunderbare Erfahrungen gemacht, wenn es um heikle Situationen ging. Die Tochter eines Freundes bat mich um Hilfe für ein Gespräch mit ihrem Chef. Ich bat sie, Rosenquarz zu tragen, und ich würde in der fraglichen Zeit den Raum geistig mit Rosenquarz-Energie aufladen. Hinterher rief sie an und sagte (es), dass es großartig lief. Sie blieb ruhig und standhaft. Sie sollte eine höhere Position einnehmen und bereit sein, länger zu arbeiten. Sie schaffte es, den neuen Posten zu bekommen bei gleichbleibender Arbeitszeit.

Element Feuer und Wasser

Astrologie Widder: Rosenquarz lehrt den Widder Rücksicht auf andere. Er entwickelt durch den Stein seine „weiche" Gefühlsseite.
Stier: Der Stein überwindet die Verlustangst des Stieres. Er hilft ihm, sich dem anderen zu öffnen.
Waage: Die sanfte Energie des Steins heilt ihre emotionalen Verletzungen.

Rubin

Farbe Rosa bis rot, manchmal mit einem Stich ins Violette. Es gibt wundervolle Sternrubine: Rutilnadeln lassen einen Stern auf dem Rubin leuchten.

Überlieferung und Heilwirkung Aristoteles sprach einst: „Einer ist rot (lat. *rubius)*, wie das reinste Blut und heißt *rubinas*. Dieser ist der beste von allen." Dafür spricht auch sein Ruf als *„Blutstropfen aus dem Herzen der Mutter Erde"*. Im Mittelalter wurde Rubin ebenso wie Granat als *Karfunkel* bezeichnet und galt als König der Edelsteine, der Sonne geweiht.
Im Gegensatz zu Rosenquarz steht Rubin für die **leidenschaftliche körperliche Liebe**. Durch Rubin kommt neuer **Schwung** ins Leben. Er steigert unsere Leistungsfähigkeit, doch wir wissen genau, wann es Zeit ist, aufzuhören. Rubin verleiht Spontaneität und **Lebensfreude**. Der Stein reißt einen aus Lethargie und Langeweile, jedoch mit einer gewissen Ruhe und Klarheit.
Rubin regt den Kreislauf an und hebt den **Blutdruck**. Schon früher wurde Rubin bei **Infektionskrankheiten** eingesetzt, um das Fieber höher zu treiben, damit die Krankheit ausgeschwitzt wird.

Ich habe die Erfahrung gemacht, dass Rubin-Energie wirklich Schwung in die Bude bringt. Plötzlich hatte ich neue Ideen, um den Partner zu überraschen. Das wiederum spornte meinen Partner an, sodass er sich seinerseits anstrengte, mich zu überraschen. Mittlerweile steht einmal im Monat „Überraschung" im Kalender, immer abwechselnd.

Element Feuer

Astrologie **Widder:** Der Rubin sorgt für eine ausgeglichene Dynamik beim Widder.
Löwe: Der Stein öffnet ihm den Zugang zu den Herzen seiner Mitmenschen.
Skorpion: Rubin relativiert seine sexuellen Bedürfnisse. Der Stein bringt ihn in Einklang mit der Liebe des Herzens.

Saphir

Farbe Meist hell- bis dunkelblau, aber auch farblos, gelb, orange, grün bis schwarz. Ein Besonderheit ist der Sternsaphir: an feinen Rutilnadeln, winzige Kristalle, bricht sich das Licht und lässt einen „Stern" auf ihm funkeln.

Überlieferung und Heilwirkung Der Name hat seinen Ursprung im Sanskrit: *sanipriyam = Liebling des Saturns.* In Indien repräsentierte der Saphir den Himmel und die Engelwelten. Später wurde im Griechischen daraus: *sappheiros,* was dem heutigen Namen Saphir mehr entspricht.
Mit Saphir kommen wir dem Himmel, oder besser gesagt der **Weisheit** ein Stück näher. Der Stein fördert unseren Wissensdurst nach wahrer **Spiritualität**, wie Buddha sie einst gelebt hat. Saphir fordert absolute **Ehrlichkeit**, uns selbst und auch anderen gegenüber. Er schenkt uns tiefe Ruhe und das Wissen: Ich bin immer zum richtigen Zeitpunkt am richtigen Ort. Saphir hilft uns, unsere Gedanken zu klären. Unsere Ziele kommen aus unserer „*Mitte*" und sind so klar, dass sie sich sehr schnell verwirklichen.

Saphir lindert Wahnvorstellungen und wird bei **Nervenkrankheiten** eingesetzt. Durch seine beruhigende Wirkung sorgt er für einen erholsamen Schlaf.
Eines Tages bekam ich ein unglaubliches Job-Angebot in Stuttgart. Ich bemühte mich Wochen vorher vergebens um eine Wohnung. Meine Wohnung war gekündigt und der Umzugswagen gepackt. Ohne neue Wohnung in Aussicht fuhren wir los. Eine Nacht konnten wir bei einer Freundin schlafen. Am nächsten Morgen schaute ich in die Zeitung und sah eine fantastische Wohnungsanzeige. Zusammen mit 20 anderen schaute ich mir die Wohnung an. Der Vermieter fragte mich, wann ich denn einziehen wolle? Ich lächelte charmant und meinte: „Heute Nachmittag um 14 Uhr!“ Um 13 Uhr kam der Anruf, ich könne um 14 Uhr einziehen. Ich trug die ganze Zeit Saphir.

Element Erde und Wasser

Astrologie **Jungfrau:** Mit dem Schutz von Saphir vertraut die Jungfrau auf die Existenz einer höheren Macht.
Schütze: Die Schutzhülle der Oberflächlichkeit weicht der Ehrlichkeit sich selbst gegenüber. Er nimmt dem Schützen die Angst, in die „Tiefe“ zu gehen.

Smaragd

Farbe Meist hell- bis intensiv grün, gelb- bis graugrün, transparente Kristalle sind tatsächlich smaragdgrün. Trommelsteine sind opak.

Überlieferung und Heilwirkung Die Wertschätzung des Steines kennzeichnete Bartholomaeus Anglicus (13. Jh.): „Der Smaragd ist ein edler Stein, und seine Farbe ist grün wie der kühle Grund des Meeres … Er ist einer der besten unter den edlen Steinen und der würdigste, eine königliche Hand zu zieren." Hildegard von Bingen setzte Smaragd bei Magenschmerzen ein, und Theophrast wusste um seine Wirkung bei Augenleiden.
Die Energie von Smaragd führt uns zu unserer inneren Schönheit. Er lässt Partner wieder offen aufeinander zugehen. Der Stein sorgt somit für Ausgeglichenheit und belebt gleichzeitig die Beziehung. Im Alltag regeneriert uns Smaragd und wir schöpfen neue Kraft.
Noch heute wird Smaragd bei Sehschwäche eingesetzt und gibt uns Klarheit und Weitsicht. Der Stein wirkt sich positiv auf den Sauerstofftransport des Blutes aus und belebt dadurch die Herzfunktion. Er

stärkt die Nieren und unterstützt den Körper bei der Ausleitung von Giften.
Meine Freundin hatte schon eine Zeit lang massive Probleme in ihrer Partnerschaft. Das Gegenseitige Verständnis war auf dem Nullpunkt angelangt und die Trennung stand unmittelbar bevor. Ich gab ihr eine Smaragd-Kette. Nach ein paar Wochen war eine merkliche Entspannung zwischen den beiden zu spüren. Und mit der Zeit stellte sich eine Offenheit dem anderen und seiner Sichtweise gegenüber ein. Die beiden haben „die Kurve gekriegt".

Element Erde

Astrologie Stier: Smaragd gibt dem erdverbundenen Stier Ruhe im hektischen Alltag.
Krebs: Der Stein schenkt dem Krebs die Erfahrung der Selbstliebe. Er macht ihn unabhängig von anderen.
Waage: Smaragd bringt der Waage Ausgeglichenheit. Er stärkt das gegenseitige Verstehen in ihrer Partnerschaft.

Tigerauge

Farbe Goldbraun bis braun, gebändert. Der Stein zeigt einen schimmernden, wandernden Lichtlauf, wenn wir den Stein in der Hand bewegen.

Überlieferung und Heilwirkung Im Mittelalter wurden Amulette mit Tigerauge verziert, sie sollten vor dem „Bösen Blick“ der Dämonen schützen.
Tigerauge ist der klassische **Entscheidungsstein**. Bei Zweifeln baut er eine **Distanz** auf, sodass wir die Dinge aus verschiedenen Perspektiven betrachten können, um dann das Richtige zu wählen. Mit diesem Abstand fällt es uns leichter, uns nicht von negativen Strömungen wie Druck oder schlechten Stimmungen beeinflussen zu lassen. Der Stein gibt uns den Mut, zu handeln. Er lässt uns einen Schritt nach dem anderen machen, dadurch sind wir entspannt und gelassen.
Generell sorgt Tigerauge für Ruhe und Ausgeglichenheit von Körper, Geist und Seele. Der Stein hemmt den Energiefluss, deshalb sollte er nur kurze Zeit getragen werden, auch das Tigeraugen-Wasser sollte möglichst nicht länger als eine Woche getrunken werden.

Als mein Bruder und ich einen Edelsteinladen eröffnet hatten, fuhren wir immer zu unserem Edelsteingroßhändler in die Nähe von Göttingen, um alle Steine selbst auszusuchen. Bei der zweiten Fahrt wollte unser Vater unbedingt mit. „Vielleicht finde ich ja was Schönes für Mama zum Geburtstag", seine Worte. Mein Pa kam zu mir und fragte: „Kaya was meinst du, die Obsidian-Kugel oder lieber die Bergkristall-Kugel für Mama?" Dafür hatte ich nun wirklich nicht den Kopf. Ich drückte ihm eine große Kugel aus Tigerauge in die Hand und sagte nur: „Das ist ein Entscheidungsstein." Keine zehn Minuten später kaufte er alle drei Kugeln, auch eine Entscheidung!

Element Luft und Erde 

Astrologie Zwillinge: Der Zwilling trifft endlich seine Entscheidungen.
Löwe: Tigerauge macht dem Löwen bewusst, dass das Glück nicht im Materiellen, sondern im Inneren zu finden ist.
Jungfrau: Der Stein befreit die Jungfrau aus festgefahrenen Denkstrukturen.

Türkis

Farbe Hellblau bis blau, grünblau bis apfelgrün, der Wertvollste ist türkisblau.

Überlieferung und Heilwirkung Während der Kreuzzüge wurde der Edelstein vom Orient aus nach Europa gebracht, daher stammt sein Name: Türkis = Türkenstein. Türkis galt schon in früheren Zeiten als Schutzstein: Persische Könige liebten ihn ebenso wie die Inkas und Indianer. Man glaubte eine Zeit lang, bei Gefahr verändere der Stein seine Farbe. Türkis ist ein hervorragender Heilstein zum Schutz vor geistig negativen Angriffen und Fremdeinflüssen. Mit Türkis wird einem bewusst, dass jede Aktion eine Reaktion nach sich zieht. Wir erkennen, dass die Folgen unseres Handelns in unserer Verantwortung liegen. Daraus folgt: Wir sind unser eigenes Glückes Schmied! Türkis schult unsere Intuition und fördert die Weitsicht. Müdigkeit verfliegt, sie macht Platz für eine tiefe Entspanntheit und Klarheit. Der Stein fördert unsere Kreativität und belebt manch verborgenes Talent wieder neu. Türkis leitet Gifte aus und wirkt entsäuernd, von daher ist er gut bei Gicht und rheumatischen Erkrankungen einzusetzen.

Ich bin von Sternzeichen Fisch und Türkis ist ein Stein, der meinem Sternzeichen zugeordnet ist. Ich trage ihn zwischendurch immer mal wieder, um mich abzugrenzen und konsequent NEIN zu sagen. In Verbindung mit Bergkristall ist Türkis ein hervorragender Stein zum Schutz auf Messen oder auch großen Veranstaltungen. Wir hatten eine große Familienfeier, die vielen Energien der Menschen machen mich nach kurzer Zeit oft unruhig und ich bekomme Kopfschmerzen. Ich hatte mir vorher einen Türkis genommen. Ich blieb innerlich ruhig und bei mir.

Element Luft und Erde

Astrologie Wassermann: Türkis gibt dem Wassermann den Schutz, den er braucht, um seine Ideen unbeirrbar mit der äußeren Welt in Einklang zu bringen.

Fische: Türkis gibt dem Fisch die Kraft, sich abzugrenzen und „Nein“ sagen zu können. Er übernimmt die Eigenverantwortung für sein Glück.

Turmalin schwarz, **Schörl**

Farbe Anthrazit über bläulich schwarz bis zu tief schwarz, Rohsteine sehen aus, als würden sie in faserigen Schichten wachsen.

Überlieferung und Heilwirkung Der Name stammt aus dem Singhalesischen: *thuramalli = Turmalin.* Im 18. Jahrhundert wurden von Sri Lanka größere Mengen Turmalin nach Europa exportiert. Im Mittelalter wurde der Stein als *kleines unreines Erz = Schörl* bezeichnet. Durch seine spröde, brüchige Struktur ließ er sich schwer verarbeiten. Der 1562 im sächsischen Erzgebirge gefundene Schwarze Turmalin wurde noch *Schürl* genannt.
Schwarzer Turmalin ist ein sehr guter **Schutzstein**. Er hält negative Energien anderer von uns fern, wie: Neid, Eifersucht, Missgunst und Heimtücke. Der Stein schützt uns auch vor unseren eigenen negativen Gedanken. Er hilft uns, körperlich und seelisch zu entspannen, und baut dadurch jeglichen Stress ab. Schwarzer Turmalin verschafft uns **Klarheit** und eine **erweiterte Wahrnehmung**. Wir sind bereit, unsere Fehler zu erkennen, zuzugeben und neue Wege zu gehen. So wie er uns als Person schützt, wehrt er

auch **Strahlungen** (Erdstrahlen) und **negative Energien** (Computer/Handy) im Haus ab.
Der Stein wird zur Entstörung von alten **Narben** eingesetzt und stärkt unser **Nervenkostüm**.
Es gibt viele Heilsteine mit schützender Wirkung, Schwarzer Turmalin ist aus meiner Erfahrung der intensivste. Bei allen 20 Umzügen in meinem Leben habe ich immer bei allen Häusern an jeder Hausecke einen kleinen Turmalin vergraben, bei Wohnungen stand Schörl immer an der Haustür im Flur. Als wir vor drei Jahren neu bauten, habe ich die Steine im Fundament versenkt, und an jeder Gartenecke liegt ein kleiner schwarzer Turmalin. An vier Wohnorten wurden massiv Einbrüche verübt, meine Häuser blieben immer unversehrt.

Element Erde und Luft

Astrologie **Krebs:** Mit Schörl ist der Krebs bereit, die Fehler bei sich selbst zu suchen, statt anderen die Schuld zu geben.
Fische: Schörl gibt den meist energetisch sehr offenen Fischen ein „Rund-um-Schutzpaket".

Bildquellen

Hintergrundabbildungen Karten + Booklet: www.fotolia.com/Erick Nguyen S. 12, 26, 32, 38, 42, 54, 64, 74 ✧ www.fotolia.com/Bocos Benedict S. 14, 18, 60, 70 ✧ www.fotolia.com/PaulPaladin S. 16, 20, 36, 40, 46, 56, 66, 68, 76 ✧ www.fotolia.com/ANK S. 22, 44, 48, 50, 52, 58 ✧ www.fotolia.com/Gagarin S. 24, 28, 30, 34, 62, 72

Heilsteineabbildungen Adobe Stock/fotolia.com: **Achat** blauer Achat © epitavi + orang-graue Achatscheibe © Dmitri + Moosachat und Trommelstein © vvoe I **Amethyst** Rohstein © jonnysek + geschliffener Stein © yblaz + Rohstein © vvoe I **Aquamarin** Rohstein © vvoe I **Aventurin** Trommelstein © vvoe I **Bergkristall** Rohstein © Oswald Kunstmann + Rohstein © vvoe I **Bernstein** Anhänger © Jaroslaw Grudzinski + Rohstein © Anette Linnea Rasmussen + Rohstein © vvoe I **Calcit** Rohstein © Gabriele Rohde + Rohstein mint © vvoe + verschiedenfarbige Rohsteine © Stefan Malloch Photography I **Chalcedon** Trommelstein © vvoe I **Citrin** Trommelstein © Sonja Birkelbach I **Diamant** geschliffene Steine © fraismedia I **Dumortierit** Trommelstein © vvoe I **Feueropal** Rohstein © Edith Ochs + geschliffener Stein © Alexander Hoffmann I **Fluorit** Trommelstein © vvoe I **Granat** Rohstein © Edith Ochs + Rohstein © vvoe I **Heliotrop** Trommelstein © vvoe I **Jaspis** Rohstein © Yvonne Baumann + Kette © letmeh + Trommelstein © vvoe I **Karneol** Rohstein © tunedin + Trommelstein © vvoe I **Labradorit** ovaler Stein © Teteline + stehender Stein © jahet 7 I **Lapislazuli** Quader © joannap + Trommelstein © vvoe I **Mondstein** Rohstein © vvoe I **Peridot** Rohstein © vvoe I **Prasem** Trommelstein © vvoe + Rohstein flint0010 I **Rauchquarz** Rohstein © Ervin Monn +Trommelstein © vvoe I **Rhodochrosit** Rohstein © Edith Ochs +Trommelstein © vvoe I **Rhodonit** polierte Platte © Edith Ochs + Trommelstein © vvoe I **Rosenquarz** Rohstein © Brian Weed + Kugel © Internet-Fotograf + Rohstein © vvoe I **Rubin** zwei kleine Trommelsteine © bigjo + Kugel © vvoe I **Saphir** Rohstein © imfotograf I **Smaragd** Rohstein © S_E + Kettenanhänger © Angela Köhler I **Tigerauge** Rohstein © Michael Tieck + Trommelsteine © jonnysek + Trommelstein © vvoe I **Türkis** Rohstein © E. Vereschagin + Kettenanhänger © Kalle Kolodziej + Trommelstein © vvoe I **Turmalin** Rohstein stehend © zelenka68 + Rohstein © Bogahan + Rohstein © vvoe I

Heilsteineabbildungen pixelio.de: **Calcit** Kugel © www.pixelio.de/Edith Ochs – Florentine I

Heilsteineabbildungen digitalstock.de: **Fluorit** Rohstein © K. Engelhard I **Granat** Ring © M. Dietrich I **Lapislazuli** Rohstein © G. Slabihoud I

Heilsteineabbildungen von Hermann Betken: **Aquamarin** Rohstein + Ring I **Aventurin** Rohsteine I **Bergkristall** Kristallkugel I **Chalcedon** Rohsteine I **Citrin** Kette I **Diamant** Rohsteinkette I **Dolomit** Trommelstein I **Dumortierit** Trommelsteine I **Fluorit** Kette I **Heliotrop** Trommelsteine I **Karneol** Kette I **Mondstein** Kette und Stein I **Peridot** Rohsteine I **Prasem** Trommelsteine I **Rhodonit** Trommelstein I **Rubin** Rohstein und Kettenanhänger I **Saphir** Sternensaphir I

Heilsteineabbildung von Tim Lemke: **Dolomit** Rohstein

Literaturhinweise

KAYA LEMKE: *Das Heilstein-ABC,* Saarbrücken 2013
MICHAEL GIENGER: *Die Steinheilkunde,* Saarbrücken 19. Aufl. 2014
BARBARA NEWERLA: *Sterne und Steine,* Saarbrücken 4. Aufl. 2007
RUEDIGER DAHLKE: *Krankheit als Symbol,* München 22. Aufl. 1996